Das Blüten-kochbuch
Oda Tietz · Kristin Labuch
Hölker Verlag

5 4 3 2 1
ISBN 3-88117-657-8

Layout: Niels Bonnemeier, Kristin Labuch
Redaktion: Christiane Leesker,
Monika Römer, Gabriele Heßmann

Vollständig überarbeitete und ergänzte Neuausgabe,
erstmals erschienen unter dem Titel
„Das kleine Blüten-Kochbuch".

Printed in China

Inhalt

Die Rezepte sind, falls nicht anders angegeben, für 4 Personen berechnet.

Vorwort

Das Feine und Kleine ist oftmals das Besondere, das i-Tüpfelchen für den Gaumen. Es ist ganz leicht zu entdecken, man braucht sich nur zu bücken. Im Garten, im Wald, auf der Wiese und am Wegrand finden Sie die duftenden, frischen, bunten, kulinarischen Blüten. Sie lassen Salate raffiniert, Desserts elegant, Suppen aromatisch und Butter oder Käse poesievoll werden. Und Torten verleihen sie eine neue und ganz besondere Art von Charme.

Mit Blüten und Blumen zu kochen macht Spaß. Überdies werden Sie mit Aromen überrascht, die zum unvergesslichen Geschmackserlebnis werden! Das kleine, unscheinbare Gänseblümchen verleiht Salaten eine aparte Note, besonders, wenn es sich mit Löwenzahn vermählt. Von köstlicher Süße sind Robinien, die frisch gepflückt – gleich von der Hand in den Mund – ein Leckerbissen sind, sich aber auch sehr gern mit Waldbeeren vereinen. Wunderschön und aromatisch zugleich zeigen sich die cremeweißen Holunderdolden, die sich hervorragend für Honig, Limonade, Brot, Küchlein und Krapfen eignen.

Ein zauberhafter Blütenschmuck auf Torten und Desserts sind die nach Zitrone und Ananas schmeckenden Magnolienblüten, die sanft-süßen Veilchen und nicht zu vergessen die Stiefmütterchen. Welch einmalige Pikanterie verleihen Kapuzinerkresse und Borretschblüten Salaten, Fisch- und Fleischgerichten! Und was gibt es Herrlicheres als den Duft, die vielfältige Schönheit und die Farbenpracht von Rosen, deren Blütenblätter auf wunderbare Weise Desserts, Backwerk und Getränke parfümieren.

Wer den Zauber der Blütenpracht für sich entdeckt hat, wird ihm verfallen! Was wäre das für ein Gaumen, der keine Überraschungen liebt? Seien Sie neugierig, das hält Ihre Küche lebendig! Viele gute, unvergessliche Geschmackserlebnisse wünscht Ihnen Ihre

Oda Tieth

Blüten ABC

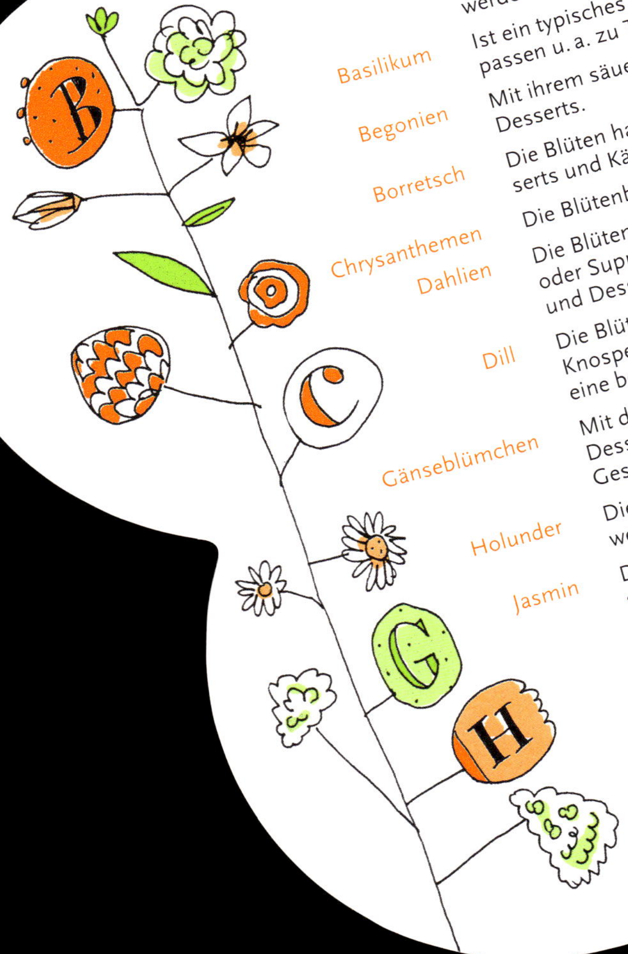

Bärlauch – Blüte und Blatt schmecken dezent nach Knoblauch und sind eine gute Ergänzung zu kräftigem Käse. Nach der Blüte werden die Blätter der Pflanze allerdings leicht bitter.

Basilikum – Ist ein typisches Würzkraut der mediterranen Küche. Blüten und Blätter passen u. a. zu Tomaten, Mozzarella und Fisch.

Begonien – Mit ihrem säuerlichen Aroma harmonieren die Blüten gut mit Salaten und Desserts.

Borretsch – Die Blüten haben einen fruchtigen Geschmack und passen zu Salaten, Desserts und Käse.

Chrysanthemen – Die Blütenblätter eignen sich für Suppen, Käse-, Ei- und Wurstplatten.

Dahlien – Die Blütenblätter schmecken leicht säuerlich. Sie passen z. B. zu Salaten oder Suppen. Verzuckert sind sie eine hübsche Garnitur für Backwerk und Desserts.

Dill – Die Blüten sind ebenso aromatisch wie die Blätter und die Knospen. Sie würzen Fisch, Fleisch, Gemüse und sind eine beliebte Zutat für Einlegegurken.

Gänseblümchen – Mit den Blüten kann man Salate, Backwerk und Desserts zieren. Frisch haben sie einen nussartigen Geschmack und kandiert schmecken sie wie Marzipan.

Holunder – Die Blütendolden dekorieren kandiert Desserts und Backwerk und aromatisieren Brot- und Kuchenteige.

Jasmin – Die Blüten verleihen Speisen nicht nur ein feines Aroma, sie sind auch ein schöner Schmuck auf Desserts und Torten.

Blüten ABC

Kapuzinerkresse Die Blüten haben wie die Blättchen einen leicht pfeffrigen Geschmack und sind eine schöne Zierde auf Salaten, Desserts, Wurst-, Ei-, Käse- und Fleischplatten.

Klee Die leicht fruchtig schmeckenden Blüten passen zu Salaten, Sülzen, Fleischgerichten und Käse.

Koriander Die Blütendolden zieren vor allem Fleischgerichte. Einzelne Blüten passen zu Suppen und Eintöpfen.

Kornblumen Die Blüten sehen auf Desserts, Salaten und Backwerk zauberhaft aus. Ihr Geschmack ist nicht sehr ausgeprägt.

Lavendel Der Geschmack der Blüte ist sehr intensiv und verlangt darum nach einem sparsamen Umgang. Er passt zu Backwerk, Desserts und Käse.

Levkojen Die Blüten sehen verzuckert besonders schön auf Festtagstorten aus.

Löwenzahn Sowohl die Blüten als auch die jungen Blätter schmecken nach Honig. Und aus den Blüten kann man tatsächlich auch Honig zubereiten. Außerdem zieren sie Suppen und Salate.

Luzerne Die Blüten der Pflanze, die auch Schneckenklee genannt wird, passen gut zu Salaten, Käse und Fleischgerichten.

Magnolien Die Blüten schmecken in Teig gebacken ganz köstlich und schmücken in verzuckerter Form Desserts aufs Feinste.

Majoran Sowohl die Blüten als auch die Blätter würzen Bratkartoffeln, Leberwurst und Fleischgerichte.

Malven Ihre Blüten sind eine schöne Garnitur für Backwerk und Desserts. Das Aroma ist unauffällig.

Mohnblumen Die Blüten sind ein leuchtend schöner Blickfang auf Backwerk, Salaten, Desserts und Suppen. An Aromen liefern sie wenig.

Blüten ABC

Nelken	Ihre Blüten sind verzuckert als Garnitur für Desserts und Torten geeignet.
Passionsblumen	Die Blüten sind sehr dekorativ und verleihen vor allem Desserts ein sehr feines Aroma.
Reseda	Die Blüten haben ein säuerliches Aroma und passen verzuckert gut zu Desserts und Obsttorten.
Ringelblumen	Mit ihrem milden Aroma schmücken die Blüten z. B. Suppen, Fisch, Geflügel und Salate.
Robinien	Die Blüten haben ein süßes Aroma und passen zu fruchtigen Desserts und Obsttorten.
Rosen	Alle Sorten und Größen sind essbar und vorzüglich zum Garnieren von Desserts und Torten geeignet.
Rosmarin	Die zarten Blüten, aber auch die Blätter, passen gut zu Gemüse, Salaten und Fleischgerichten.
Salbei	Blätter und Blüten des echten Salbeis und des Muskatellersalbeis harmonieren wegen ihres würzigen Aromas mit Fisch, Fleisch, Käse und Gemüse.
Schafgarbe	Die würzigen Blüten und Blätter passen gut zu pikanten Salaten.
Schlüsselblumen	Die Blüten sind knackig frisch und passen zu Salaten, Suppen und Gemüse.
Schnittlauch	Seine zarten Blüten schmecken etwas milder als Zwiebeln. Sie passen gut zu Ei- und Käsegerichten.

Blüten ABC

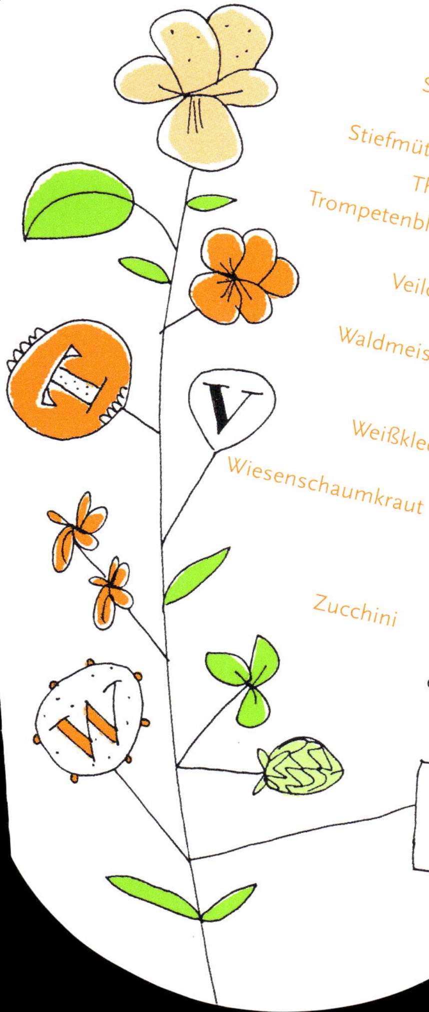

Sellerie Die Blüten zieren deftige Fleischgerichte, aber auch pikante Salate.

Senfrauke Die Pflanze schmückt mit ihren weißen und lila Blüten herzhafte Wurstplatten und Salate.

Stiefmütterchen Ihre Blüten zieren Salate, Backwerk und Desserts.

Thymian Die Blüten passen zu Geflügel, Fleisch, Käse und Bratkartoffeln.

Trompetenblumen Ihre Blüten haben ein süßes, würziges Aroma und passen zu Desserts und Backwerk.

Veilchen Die zarten Blüten zieren vor allem in Zuckerrüstung Desserts, Pralinen und Backwerk.

Waldmeister Die blühende Pflanze ist eine wichtige Zutat für Maibowlen. Allerdings sollte man keine größeren Mengen verwenden, da das enthaltene Cumarin Vergiftungen verursachen kann.

Weißklee Die Blüten schmecken knackig frisch und putzen Salate heraus.

Wiesenschaumkraut Die rosavioletten Blüten läuten den Frühling ein und sind eine sehr schöne Garnitur für Desserts. Auch frittiert kommt ihr frisch-fruchtiges Aroma gut zur Geltung.

Zucchini Die orangefarbenen Blüten aller Kürbisarten, einschließlich der nahen Verwandten Zucchini, schmecken – mit Füllung oder ohne – vor allem frittiert sehr gut.

> Allgemeiner Vorsichtshinweis: Für den Verzehr eignen sich nur ungespritzte Pflanzen und Blüten.

Salate

Salate lassen sich in großer aromatischer Vielfalt zubereiten und sich trefflich mit farbenfrohen essbaren Blüten verfeinern. Gut geeignet sind die zauberhaften Borretschblüten in ihrem reinen Blau und dem sanften Gurkenaroma, die dekorativen, eleganten Kapuzinerkresseblüten mit interessantem, pikantem Geschmack (die dunklen Blüten haben ein intensiveres Aroma als die hellen), die Malvenblüten mit ihrer sanften Süße oder die sonnengelben, frühlingszarten Löwenzahnblüten, die in vielerlei Variationen, roh, geschmort oder mariniert, köstliche Salate und viele andere Gerichte verfeinern. Bei aller kulinarischen Lust auf Blüten sollte man allerdings beachten, dass Blumen und Blüten frei von Pestiziden sein müssen. Wer auf Nummer sicher gehen will, sollte sie sich aus dem eigenen Garten oder dem von Freunden oder Nachbarn besorgen. Einige Blüten, wie Borretsch oder Kapuzinerkresse, gedeihen aber auch im Blumenkasten auf dem Balkon.

Eiersalat mit Brunnenkresse und Borretschblüten

6 Eier
1 Bund Brunnenkresse
150 g Joghurt
1 EL mittelscharfer Senf
3 EL Crème fraîche
3 EL Zitronensaft
Salz, frisch gemahlener Pfeffer
1/2 TL Zucker
125 g durchwachsener Speck
1 Hand voll frisch gepflückte, geputzte Borretschblüten

Die Eier 10 Minuten kochen, in kaltem Wasser abschrecken, pellen und halbieren. Jede Hälfte in 3 Teile schneiden. Die Brunnenkresse waschen, trockenschütteln und die Blättchen von den Stielen zupfen. Joghurt, Senf, Crème fraîche und Zitronensaft verrühren und mit Salz, Pfeffer und Zucker würzen.
Den Speck in kleine Würfel schneiden und in einer erhitzten Pfanne knusprig ausbraten. Die Brunnenkresse in eine Salatschüssel geben, die Eier darauf anordnen, mit der Sauce übergießen und mit den Speckwürfeln bestreuen. Mit den Borretschblüten garnieren.

Grüner Salat mit Gänseblümchen

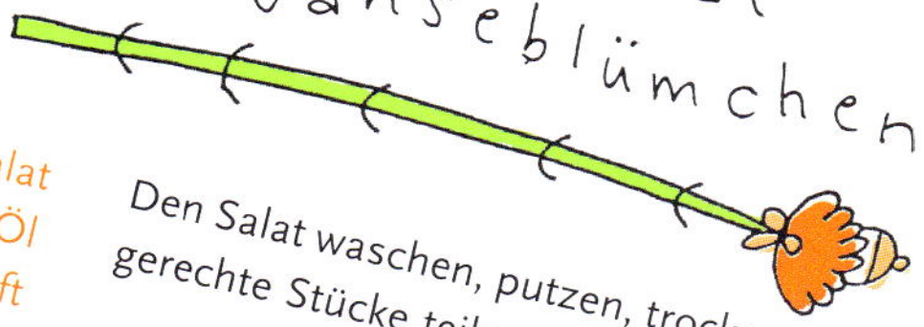

1 Kopfsalat
2 EL Öl
2–3 EL Zitronensaft
1/2 TL Zucker, Salz
frisch gemahlener weißer Pfeffer
2 Hand voll frisch gepflückte, geputzte Gänseblümchen

Den Salat waschen, putzen, trockenschleudern, in mundgerechte Stücke teilen und in eine Schüssel legen. In einer Schale Öl und Zitronensaft verühren und mit Zucker, Salz und Pfeffer würzen. Das Dressing über den Salat gießen und alles gut vermischen. Mit den vorbereiteten Gänseblümchen bestreuen und sofort servieren.

Löwenzahnblütensalat

ca. 150 geschlossene Löwenzahnblüten
2 Schalotten
100 g Schinkenspeck
1/2 TL Zucker, Salz
2 EL Weinessig
2 hart gekochte Eier
einige geputzte Löwenzahnblätter zum Garnieren

Die Löwenzahnblüten vorsichtig abbrausen, abtropfen lassen und kreuzweise fein einschneiden. Die Schalotten schälen und fein hacken. Den Speck in kleine Würfel schneiden und kross ausbraten. Blüten, Schalotten, Zucker, Salz und Essig in eine Schüssel geben und vermischen. Die Speckwürfel mit dem Fett über den Salat gießen. Die Eier pellen, in Achtel schneiden und dekorativ darauf verteilen. Die Löwenzahnblätter klein hacken und den Salat damit garnieren.

Kopfsalat mit Kapuzinerkresseblüten

2 Kopfsalate
Saft von 1 Zitrone
3 EL Öl, Salz
frisch gemahlener schwarzer Pfeffer
1 zerdrückte Knoblauchzehe
2 Hand voll frisch gepflückte, geputzte Kapuzinerkresseblüten

Die Salatblätter waschen, putzen, trockenschleudern, in mundgerechte Stücke teilen und in eine Schüssel legen. In einer Schale Zitronensaft und Öl verrühren und mit Salz, Pfeffer und Knoblauch vermischen. Das Dressing über die Salatblätter gießen und alles gut vermengen. Die Kapuzinerkresseblüten dekorativ darauf anordnen und sofort servieren.

Radicchio mit Malvenblüten und karamellisierten Cashewkernen

Für die Cashewkerne:
100 g Cashewkerne
2 EL Zucker
2 EL Weißwein
15 g Butter

Für den Salat:
300 g Radicchio
2 Karambolen (Sternfrüchte)
1 Orange
1 rotbackiger Apfel
Saft von 2 Zitronen
Salz, 1/2 TL Zucker
6 EL Öl
6–8 frisch gepflückte, geputzte Malvenblüten

Die Cashewkerne längs halbieren. Den Zucker in einer Pfanne schmelzen. Wein und Butter zugeben und die Mischung so lange köcheln lassen, bis der Zucker vollständig karamellisiert ist. Cashewkerne zugeben und unterrühren. Vom Herd nehmen und abkühlen lassen.

Für den Salat den Radicchio halbieren und den Strunk entfernen. Die Blätter waschen, trockentupfen, in mundgerechte Stücke teilen und in eine Schüssel legen. Die Karambolen quer in Scheiben schneiden, so dass kleine Sterne entstehen. Die Orange schälen und die Filets aus den Trennhäuten herauslösen. Den Apfel ungeschält vierteln, vom Kerngehäuse befreien und in Spalten schneiden. Sofort mit 2 Esslöffeln des Zitronensafts beträufeln. Den restlichen Zitronensaft mit Salz und Zucker verrühren und das Öl unterschlagen. Den Radicchio mit dem Dressing übergießen. Karambolen, Orangenfilets, Apfelspalten und Malvenblüten unterheben. Zum Schluss die karamellisierten Cashewkerne darüber streuen.

Pfirsichsalat mit kandierten Magnolienblüten

Für die kandierten Magnolienblüten:
12 frisch gepflückte Magnolienblüten
3–4 Eiweiß
1 TL Zitronensaft
150 g Zucker

Für den Salat:
1 kg Pfirsiche
Saft von 1 Zitrone
80 g Zucker
4 EL Weißwein
125 g Himbeeren

Für die kandierten Magnolienblüten die Blüten abbrausen und trockentupfen. In einem tiefen Teller die Eiweiße mit dem Zitronensaft leicht verschlagen. Die Blüten hineintauchen, gut abtropfen lassen und ringsherum mit Zucker bestreuen.

Den Backofen auf 50 °C vorheizen. Ein Backblech mit Pergamentpapier belegen, die Blüten darauf setzen und im vorgeheizten Ofen trocknen lassen, dabei die Ofentür einen Spaltbreit geöffnet lassen.

Für den Salat die Pfirsiche kurz in kochendem Wasser blanchieren und die Haut abziehen. Die Früchte halbieren, vom Kern befreien und in kleine Würfel schneiden. Zitronensaft, Zucker und Weißwein vermischen und darüber gießen. Zugedeckt kalt stellen und 1 Stunde ziehen lassen. Vor dem Servieren die Himbeeren untermischen. Mit den kandierten Magnolienblüten garnieren.

Fruchtsalat mit verzuckerten Resedablüten

Für die verzuckerten Resedablüten:
2 Hand voll
frisch gepflückte Resedablüten
2 Eiweiß
125 g Zucker

Für den Salat:
4 Aprikosen
250 g Sauerkirschen
200 g rote Johannisbeeren
100 g weiße Johannisbeeren
100 g schwarze Johannisbeeren
200 g Zucker
5 EL Weinbrand
100 g Himbeeren
Schlagsahne nach Belieben

Die verzuckerten Resedablüten vorsichtig abbrausen und abtropfen lassen. In einem tiefen Teller die Eiweiße leicht verschlagen. Die Blüten hineintauchen, abtropfen lassen und ringsherum mit Zucker bestreuen. Den Backofen auf 50 °C vorheizen. Ein Backblech mit Pergamentpapier belegen, die Blüten darauf setzen und im vorgeheizten Ofen trocknen lassen, dabei die Ofentür einen Spaltbreit geöffnet lassen.
Für den Salat Aprikosen und Sauerkirschen entsteinen und klein schneiden. Die Johannisbeeren von den Rispen streifen. Das Obst in einer Schüssel mischen und mit dem Zucker bestreuen. Zugedeckt 30 Minuten ziehen lassen. Vor dem Servieren mit dem Weinbrand beträufeln. Die Himbeeren dekorativ darauf anordnen. Mit den verzuckerten Resedablüten garnieren. Nach Belieben Schlagsahne dazu reichen.

Deftige und süße Suppen

Suppen werden mit duftenden Kräutern und raffinierten Aromen zu kulinarischen Überraschungen. Noch aufregender und interessanter sind sie, wenn sie mit kandierten Nelken- oder Holunderblüten gekrönt werden. Das Verzuckern geht leichter als manch einer glaubt. Und das Ergebnis ist umwerfend! Sehr gut geeignet für den kulinarischen Auftritt sind auch Lavendel-, Hosta-, Chrysanthemen-, Majoran- und Rosmarinblüten.

In diesem Kapitel sind einige Rezepte als Inspiration aufgeführt. Aber darüber hinaus sieht auch eine Möhrensuppe, mit Kapuzinerkresseblüten garniert, einfach grandios aus. Und eine Fleischbrühe wird mit Ringelblumen zur reinsten Augen- und Gaumenweide. Übrigens lässt sich die Goldfarbe der Ringelblume auch mit in den Winter nehmen, denn ihre abgepflückten Blütenblätter eignen sich zum Trocknen. Wer möchte, kann aber auch Holunderblütendolden in die dunkle und kalte Jahreszeit retten, indem er die Dolden hängend an einem schattigen Platz vor Regen geschützt trocknen lässt.

Kartoffelsuppe mit Majoranblüten und Thymianblättchen

je 2 Zwiebeln und Möhren
500 g Kartoffeln
je 1 EL Butter und Mehl
1 l Fleischbrühe, Salz
frisch gemahlener weißer Pfeffer
1 Msp. frisch geriebene Muskatnuss
4 EL Sahne, 1 Hand voll frisch gepflückte, geputzte Majoranblüten
einige Thymianblättchen

Die Zwiebeln und die Möhren schälen bzw. putzen und grob klein schneiden. Die Kartoffeln schälen, waschen und in Stücke schneiden. In einem Topf die Butter erhitzen, das Mehl darin kurz anschwitzen und die Brühe zugießen. Zwiebeln, Möhren und Kartoffeln hineingeben, salzen und pfeffern. Den Topfinhalt zum Kochen bringen, 30 Minuten köcheln lassen und dann mit dem Mixstab pürieren. Muskat und Sahne in die Suppe einrühren. In vorgewärmte Suppenteller füllen und mit Majoranblüten und Thymianblättchen garnieren.

Möhrensuppe mit Kapuzinerkresseblüten

500 g Möhren
1 Zwiebel, 1 Petersilienwurzel
30 g Butter
1 EL Reis, 1 EL Tomatenmark
1 l Fleischbrühe
30 g frischer Ingwer
100 ml Sahne, Salz,
frisch gemahlener weißer Pfeffer
8 frisch gepflückte, geputzte Kapuzinerkresseblüten

Möhren, Zwiebel und Petersilienwurzel schälen bzw. putzen und klein schneiden. In einem Topf die Butter erhitzen, das Gemüse hineingeben und 5 Minuten dünsten. Reis und Tomatenmark einrühren, die Fleischbrühe zugießen, erhitzen und 25 Minuten köcheln lassen. Den Ingwer schälen und fein reiben. Die Suppe durch ein feines Sieb streichen. Die Sahne einrühren. Mit Salz, Pfeffer und Ingwer abschmecken. In vorgewärmte Teller füllen und mit Kapuzinerkresseblüten garnieren.

Zwiebelsuppe mit karamellisierten Rosmarinblüten

Für die karamellisierten Rosmarinblüten:
2 EL Zucker
6 EL Weißwein
1 Hand voll frisch gepflückte, geputzte Rosmarinblüten

Für die Suppe:
4 große Zwiebeln
4 Kartoffeln
40 g Butter
Salz, frisch gemahlener weißer Pfeffer
Saft von 1 Zitrone
125 g saure Sahne

Für die Rosmarinblüten den Zucker mit dem Wein in einem Topf karamellisieren lassen. Die Blüten hineingeben und mehrmals an dem Topf rütteln. Vom Herd nehmen und abkühlen lassen.
Für die Suppe die Zwiebeln und in Scheiben schneiden. Die Kartoffeln schälen, waschen und ebenfalls in Scheiben schneiden. In einem Topf die Butter erhitzen, die Zwiebeln hineingeben und andünsten. Kartoffelscheiben, Salz und Pfeffer zufügen. 3/4 Liter Wasser angießen, zum Kochen bringen und alles 20 Minuten köcheln lassen. Die Suppe anschließend mit dem Mixstab pürieren. Mit Zitronensaft und saurer Sahne glatt rühren, danach nicht mehr kochen lassen, abschmecken. In vorgewärmte Suppenteller füllen und die Suppe mit den karamellisierten Blüten garnieren.

Holunderbeerensuppe mit kandierten weißen Nelken

Für die kandierten Nelken:
20 frisch gepflückte weiße Nelkenblüten
250 g Zucker

Für die Suppe:
500 g Holunderbeeren
150 g Zucker
1 Prise Zimt
1 Prise Salz
1 Gewürznelke
1/4 l Rotwein
1 EL Speisestärke
4 EL Schlagsahne

Für die kandierten Nelken die Blüten vorsichtig abbrausen, mit kochendem Wasser ganz kurz überbrühen und abtropfen lassen. Den Zucker mit etwas Wasser aufkochen, bis er Blasen wirft und zu kristallisieren beginnt. Die Nelken sofort einlegen und wenige Sekunden mitkochen lassen. Vom Herd nehmen und abkühlen lassen. Sobald der Zucker trocken geworden ist und sich anfassen lässt, die Nelken einzeln vorsichtig herausnehmen und auf Pergamentpapier erstarren lassen.

Für die Suppe die von den Dolden gezupften Holunderbeeren mit Zucker, Zimt, Salz und Nelke in einen Topf geben und mit 1 Liter Wasser aufgießen. Alles zum Kochen bringen und 10 Minuten köcheln lassen. Durch ein Sieb streichen. Den Wein einrühren und den Topfinhalt nochmals erhitzen. Die Speisestärke in wenig kaltem Wasser glatt rühren und die Suppe damit binden. In Suppenteller verteilen, jeweils 1 Esslöffel Sahne in die Mitte geben und leicht verrühren. Mit den kandierten Nelken garnieren.

Kaltschale von Holunderblütendolden

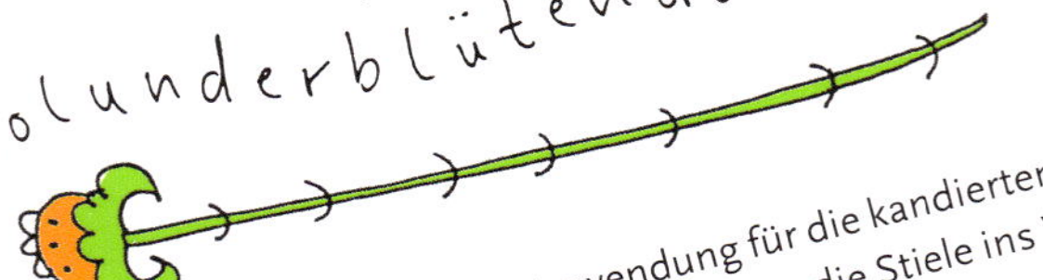

Für die kandierten Holunderblüten:
8 gerade aufgeblühte Holunderblütendolden (mit 3 cm langem Stängel)
6 Eiweiß
500 g Zucker

Für die Kaltschale:
4 frisch gepflückte Holunderblütendolden
1 l Milch, 1 EL Speisestärke
2 EL Zucker
300 ml Sahne
2 Eigelb

4 Tage vor der Verwendung für die kandierten Holunderblüten die Dolden vorsichtig abbrausen, die Stiele ins Wasser stellen und die Blüten etwas trocknen lassen. Die Eiweiße in eine Schüssel geben, 8 Esslöffel kaltes Wasser zufügen und beides mit einer Gabel verrühren, ohne dass dabei Schaum entsteht. Eventuell entstandene Bläschen abnehmen. Die Holunderdolden im Ganzen oder zerteilt in die Eiweißmasse tauchen, vorsichtig hin- und herbewegen, herausnehmen und die Flüssigkeit etwas abschwenken. Das Blüteninnere und -äußere gleichmäßig mit Zucker bestreuen. Den Stiel auf eine hakenförmig auseinander gezogene Büroklammer spießen und für 4 Tage zum Trocknen aufhängen.

Für die Kaltschale die Holunderblütendolden vorsichtig abbrausen und abtropfen lassen. Mit der Milch in einen Topf geben, erhitzen und kurz aufkochen lassen. Die Blüten herausnehmen. Die Stärke mit dem Zucker in 100 Millilitern Sahne glatt rühren, in die heiße Milch gießen, erhitzen, kurz aufkochen, vom Herd nehmen und etwas abkühlen lassen. Die Eigelbe unterrühren. Topfinhalt in eine Terrine füllen und zugedeckt kalt stellen. Vor dem Servieren restliche Sahne steif schlagen, in einen Spritzbeutel mit Sterntülle füllen und die Kaltschale damit verzieren. Mit den kandierten Holunderblüten garnieren.

Tipp: Holunderblüten eignen sich getrocknet auch als Gewürz für Backwerk und für Tee. Es empfiehlt sich, die Blütendolden aufgehängt an einer Wäscheleine zu trocknen. So bewahrt man nicht nur ihren Geschmack, sondern auch ihre grünliche Farbe. Werden Holunderblüten dagegen im Liegen getrocknet, büßen sie viel an Aroma und Farbe ein.

Feigensuppe mit Lavendelblüten

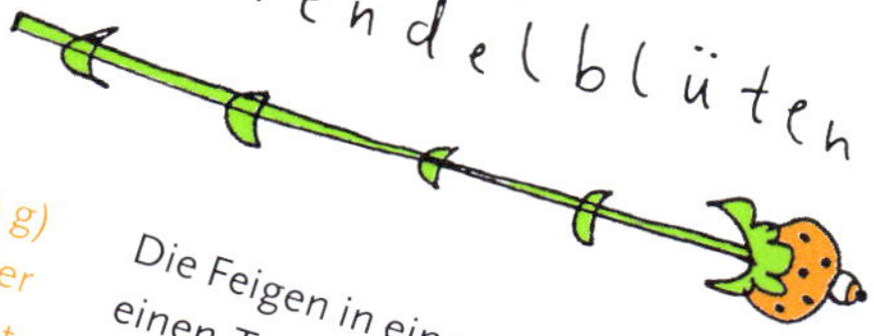

1 Dose Feigen (400 g)
2 EL Zucker
1/2 TL Zimt
1 Msp. gemahlener Kardamom
1 EL Speisestärke
1 l Weißwein (Riesling)
einige Lavendelblüten

Die Feigen in einem Sieb abtropfen lassen. Den Saft auffangen, in einen Topf füllen, 1/2 Liter Wasser zugießen und den Zucker und die Gewürze zufügen. Alles zum Kochen bringen. Die Speisestärke mit etwas kaltem Wasser verquirlen und einrühren. Kurz aufkochen lassen und vom Herd nehmen. Die Feigen klein schneiden, mit dem Wein zur Suppe geben und abkühlen lassen. Vor dem Servieren in Suppentassen füllen und mit Lavendelblüten garnieren.

Hauptgerichte

Pikant gefüllte Fleischröllchen und -pasteten, originelle Fischgerichte, gefüllte Kürbisblüten oder Zwiebeln und nicht zuletzt ein mit Blüten aufgepepptes Rührei versprechen kulinarische Höhepunkte. Deshalb sollte man beim virtuosen Umgang mit feinen Aromen und interessanten Garnituren keine Mühe scheuen. Die Gerichte werden z. B. mit Salbei-, Thymian-, Basilikum-, Löwenzahn- und Kapuzinerkresseblüten herausgeputzt. Der Fantasie sind keine Grenzen gesetzt! Geschmackvoll zu garnieren ist eine Kunst, die jeder leicht erlernen kann!

Nudeln mit Rahmsauce und Lauchblüten

250 g grüne Nudeln
Salz
1 Salbeiblatt
1/4 l Sahne
50 g geriebener Parmesan
frisch gemahlener weißer Pfeffer
einige frisch gepflückte, gereinigte Lauchblüten

Die Nudeln in reichlich Salzwasser nach Packungsanweisung bissfest garen. In ein Sieb abschütten und mit kaltem Wasser abschrecken. Das Salbeiblatt in feine Streifen schneiden, mit der Sahne in einen Topf geben, zum Kochen bringen und etwas einkochen lassen. Den Parmesan einrühren. Mit Salz und Pfeffer würzen. Die Nudeln mit der Sauce vermischen. Auf Tellern anrichten und mit den Lauchblüten garnieren.

Tipp: Lauchblütenknospen schmecken am besten, wenn sie noch jung sind. Sie sind auch eine gute Ergänzung zu Reis. Wer Wert auf eine individuelle und geschmackvolle Tischdekoration legt, kann mit den dicken kugeligen Blütendolden auch dort Eindruck machen!

Fleischröllchen auf Tomatenscheiben mit Basilikumblüten

4 dünne Scheiben Schweinefilet (ca. 4 x 15 cm)
Salz, frisch gemahlener schwarzer Pfeffer
20 Spinatblätter
20 frische Basilikumblätter
30 g Butterschmalz
100 ml Kalbsfond (Fertigprodukt)
6 Tomaten
3 EL Olivenöl
3 Knoblauchzehen
1 Hand voll frisch gepflückte, geputzte Basilikumblüten

Tipp: Dazu passt Holunderblütenbrot (Rezept S. 41).

Die Filetscheiben waschen, trockentupfen und mit Salz und Pfeffer einreiben. Spinat- und Basilikumblätter waschen, trockentupfen und auf dem Fleisch verteilen. Zusammenrollen und mit Rouladennadeln oder Küchengarn fixieren.

In einem Topf das Schmalz erhitzen, die Röllchen einlegen, rundherum anbraten und den Fond angießen. Die Röllchen etwa 10 Minuten köcheln lassen.

Inzwischen die Tomaten vom Stielansatz befreien und in Scheiben schneiden. In einer Pfanne das Öl erhitzen, die Tomatenscheiben einlegen und etwa 4 Minuten darin dünsten. Den Knoblauch schälen und durch die Presse dazudrücken, mit Salz und Pfeffer würzen. Die Tomatenscheiben auf einer Platte verteilen und die Fleischröllchen darauf anrichten.

Mit Basilikumblüten garnieren.

Kalbsbraten mit Wiesenschaumkraut-Beignets

Für den Kalbsbraten:
1 kg ausgelöste Kalbskeule (vom Metzger vorbereitet)
Salz
frisch gemahlener weißer Pfeffer
100 g durchwachsener Speck
1 Stängel Thymian
2 EL Öl
1/8 l Fleischbrühe, 1/4 l Weißwein
200 g saure Sahne

Für die Wiesenschaumkraut-Beignets:
1 Sträußchen frisch gepflücktes Wiesenschaumkraut
150 g Mehl, 100 g Speisestärke
2 Eigelb
200 ml Mineralwasser
4 EL Weißwein
Salz
frisch gemahlener weißer Pfeffer

Außerdem: Öl zum Frittieren

Den Backofen auf 220 °C vorheizen. Für den Kalbsbraten das Fleisch waschen, trockentupfen und mit Salz und Pfeffer einreiben. Den Speck in kleine Würfel schneiden und auf dem Fleisch verteilen. Den Thymianstängel abbrausen, trockentupfen und dazugeben. Das Fleisch aufrollen, mit Küchengarn fixieren und ringsherum mit Salz, Pfeffer und Öl einreiben. Den Braten im vorgeheizten Ofen auf den Bratrost legen, eine Fettpfanne mit 3/4 Liter Wasser darunter stellen und das Fleisch 1 1/2 Stunden garen. Währenddessen immer wieder mit Fleischbrühe und Weißwein begießen. Den Braten herausnehmen und vom Küchengarn befreien. Auf eine Servierplatte legen und warm stellen. Den Bratensaft in einen Topf geben und etwas einkochen lassen. Vom Herd nehmen, saure Sahne einrühren, salzen und pfeffern. Die Sauce über das Fleisch gießen und wieder warm stellen.

Für die Wiesenschaumkraut-Beignets die Blütenstängel vorsichtig abbrausen und abtropfen lassen. Mehl, Stärke, Eigelbe, Mineralwasser und Weißwein verquirlen, mit Salz und Pfeffer würzen.

In einem Topf das Öl erhitzen. Die Blütenstängel in den Teig tauchen, abtropfen lassen und im Öl goldbraun frittieren. Auf einer vorgewärmten Platte anrichten und separat zum Braten reichen.

Tipp: Ein Sträußchen Wiesenschaumkraut in einer Vase ist eine hübsche Tischdekoration.

Pastete mit Thymianblüten

400 g TK-Blätterteig
500 g Schweinefleisch ohne Knochen
125 g Räucherspeck
500 g Kalbsbratwurstfüllung (vom Metzger)
Salz
frisch gemahlener schwarzer Pfeffer
6 Wacholderbeeren
2 EL frisch gepflückte, geputzte Thymianblüten
3 EL Cognac
20 g Pistazien
2 Eigelb

Außerdem:
Butter für das Blech
Johannisbeergelee
1–2 Hand voll frisch gepflückte, geputzte Thymianblüten

Die Blätterteigplatten auftauen lassen. Inzwischen das Fleisch und den Speck durch den Fleischwolf drehen und in eine Schüssel füllen. Bratwurstfüllung, Salz, Pfeffer, zerdrückte Wacholderbeeren, Thymianblüten, Cognac und Pistazien zugeben und alles zu einem geschmeidigen Teig verarbeiten.

Die Blätterteigplatten übereinander legen und zusammen zu einem 2 Millimeter dicken Rechteck ausrollen. Die Fleischmasse auf der einen Plattenhälfte verteilen, dabei einen Rand von 1,5 Zentimetern frei lassen. Die andere Teighälfte darüber schlagen und die Ränder rundherum gut andrücken. Die Pastete mit den verquirlten Eigelben bestreichen. Mehrmals mit einer Gabel einstechen, damit der beim Backen entstehende Dampf entweichen kann. Die Pastete 1 Stunde im Kühlschrank ruhen lassen.

Den Backofen auf 200 °C vorheizen. Ein Backblech einfetten und die Pastete darauf legen. In den vorgeheizten Ofen schieben und die Pastete in etwa 35 Minuten goldbraun backen. Herausnehmen, in Scheiben schneiden und jeweils mit etwas Johannisbeergelee und einigen Thymianblüten garnieren.

Heilbutt mit Kapuzinerkresseblüten

4 Scheiben Heilbutt (gesamt ca. 800 g)
2 Knoblauchzehen
Salz
frisch gemahlener Pfeffer
2 EL fein gehackte Petersilie
100 g Semmelbrösel
50 g Butter
1/2 l frisch gepresster Orangensaft
2 Orangen
6–8 frisch gepflückte, geputzte Kapuzinerkresseblüten

Den Backofen auf 180 °C vorheizen. Die Heilbuttscheiben unter fließendem kaltem Wasser abbrausen und dann trockentupfen. Den Knoblauch schälen und mit etwas Salz zerdrücken. Die Heilbuttscheiben damit einreiben, mit Pfeffer und Petersilie bestreuen und in den Semmelbröseln wälzen.

Eine Auflaufform ausbuttern, die Heilbuttscheiben hineingeben und den Orangensaft angießen. Die restliche Butter in Flöckchen darauf verteilen. In den vorgeheizten Backofen schieben und den Fisch 20 Minuten garen. Die Orangen so schälen, dass die weiße Haut mit entfernt wird, und die Filets zwischen den Innenhäuten herauslösen. Die Fischscheiben auf einer Platte anrichten und die Orangenfilets ringsherum arrangieren. Den Fond aus der Form darüber gießen und den Fisch mit den Kapuzinerkresseblüten garnieren.

Zitronenfisch mit Kornblumen und Mohnblumen

1 kg Fischfilet
(z. B. Kalbeljau oder Schellfisch)
1 Zitrone
Salz
frisch gemahlener weißer Pfeffer
2 Zwiebeln
1 cm frische Ingwerwurzel
80 g Butterschmalz
1 TL abgeriebene unbehandelte Zitronenschale
4 Eier
1 Msp. Safranpulver (oder einige Safranfäden)
2 EL fein gehackte Petersilie
1 EL Mehl
einige frisch gepflückte, geputzte Korn- und Mohnblumen

Den Fisch unter fließendem kaltem Wasser abbrausen und trockentupfen. In eine Schale legen, mit Zitronensaft beträufeln und 10 Minuten ziehen lassen. Mit Salz und Pfeffer einreiben. Die Zwiebeln schälen und fein würfeln. Den Ingwer schälen und fein reiben.
In einem Topf das Butterschmalz erhitzen, die Zwiebeln hineingeben und leicht anschwitzen. Die Fischfilets einlegen und in 5 Minuten rundherum anbraten. 1/4 Liter Wasser, Ingwer und Zitronenschale zugeben, erhitzen und 10 Minuten köcheln lassen. Die Eier verquirlen. Safran, Petersilie und Mehl untermischen und über die Fischfilets gießen. Erhitzen, aber nicht kochen lassen, dabei vorsichtig rühren. Den Fisch mit der Sauce auf einer Servierplatte oder in einer flachen Schüssel anrichten und mit Korn- und Mohnblumen garnieren.

Gefüllte Zucchiniblüten mit Schaumsauce

Für die Sauce:
1 Schalotte
5 Pfefferkörner
1 EL Weißweinessig
4 Eigelb
250 g Butter
etwas Zitronensaft
Salz, Cayennepfeffer
1 EL Tomatenmark
2 EL Schlagsahne

Für die Zucchiniblüten:
250 g Möhren
500 g gegarte Hähnchenbrust
Salz, 1 TL Zucker
2 EL Butter
einige Thymian- und Sellerieblüten
12 Zucchiniblüten
50 g Pinienkerne
200 g Mehl
2 Eigelb
200 ml Milch

Außerdem:
Öl zum Frittieren

Für die Sauce die Schalotte schälen und fein würfeln. Mit Pfefferkörnern, Essig und 5 Esslöffeln Wasser in einen Topf geben, erhitzen und 4 Minuten köcheln lassen. Durch ein feines Sieb seihen, die Eigelbe zufügen und die Mischung über einem heißen Wasserbad so lange aufschlagen, bis die Masse eine cremige Konsistenz hat. Die Sauce vom Wasserbad nehmen und die zerlassene, warme Butter tropfenweise unterrühren. Einige Tropfen Zitronensaft zufügen. Mit Salz, Cayennepfeffer und Tomatenmark würzen, warm stellen.

Für die Zucchiniblüten die Möhren putzen und in feine Scheiben schneiden. Das Hähnchenfleisch fein würfeln. Möhren in etwas Salzwasser 10 Minuten garen und abgießen. Zucker und Butter dazugeben und weitere 5 Minuten köcheln lassen, dabei ab und zu umrühren. Thymian- und Sellerieblüten darüber geben und das Fleisch untermischen.

Die Zucchiniblüten ausschütteln, mit einer Schere vorsichtig vom Stempel befreien, locker mit der Möhrenmasse füllen und die Blütenspitzen zum Verschließen zusammendrehen. Die Pinienkerne in einer Pfanne ohne Fett rösten. Mehl, Eigelbe, Milch und Salz verquirlen. Das Frittieröl in einem Topf erhitzen. Die gefüllten Zucchiniblüten in den Teig tauchen, abtropfen lassen und im Öl goldgelb frittieren. Neben einander auf einer Platte anrichten und mit den Pinienkernen bestreuen. Vor dem Servieren die geschlagene Sahne vorsichtig unter die Sauce heben und diese separat dazu reichen.

Frittierte Steinpilze mit Salbeiblüten

2 EL Mehl
1 EL Grieß
1/8 l Milch
2 Eier
Salz, 1/2 TL Zucker
500 g Steinpilze
40 g Butter
frisch gemahlener weißer Pfeffer
Öl zum Frittieren
20 Salbeiblätter
1 Hand voll frisch gepflückte, geputzte Salbeiblüten

Milch in eine Schüssel gießen. Mehl, Grieß und Eier einrühren. Den Teig mit 1 Prise Salz und dem Zucker würzen und 15 Minuten quellen lassen. Die Steinpilze mit feuchtem Küchenpapier abreiben und putzen, große Exemplare in Viertel schneiden, kleine ganz belassen. In einer Pfanne die Butter erhitzen, die Pilze hineingeben, 2 Minuten unter Wenden braten, mit Salz und Pfeffer würzen. In einem Topf das Öl erhitzen. Die Salbeiblätter ganz kurz frittieren und anschließend auf Küchenpapier abtropfen lassen.

Inzwischen die Steinpilze in den Teig tauchen, abtropfen lassen und in dem Öl goldgelb ausbacken. Herausnehmen, auf Küchenpapier abtropfen lassen und auf einer Servierplatte anrichten. Mit Salbeiblättern und -blüten bestreut servieren.

Gefüllte Zwiebeln mit Lauchblüten

4 Gemüsezwiebeln (gesamt ca. 800 g)
200 g Schweinefleisch ohne Knochen
Salz
125 g durchwachsener Speck
50 g Leber
2 Knoblauchzehen
frisch gemahlener schwarzer Pfeffer
1 Ei
2 EL Semmelbrösel
4 dünne Scheiben Räucherspeck
Butterschmalz für die Form
100 ml trockener Weißwein
50 ml Fleischbrühe
einige geputzte Salatblätter
1 Hand voll frisch gepflückte, geputzte Lauchblüten

Die Zwiebeln schälen und 10 Minuten in Salzwasser garen. Herausnehmen, etwas abkühlen lassen, einen Deckel abschneiden und die Knollen aushöhlen. Das Innere klein schneiden und in eine Schüssel geben. Das Schweinefleisch und die Leber mit dem Speck durch den Fleischwolf drehen und ebenfalls in die Schüssel füllen. Den Knoblauch schälen und fein hacken. Zusammen mit Salz, Pfeffer, Ei und Semmelbröseln zum Fleisch geben. Alles gut vermischen.

Den Backofen auf 200 °C vorheizen. Die Zwiebeln mit der Zwiebel-Fleisch-Mischung füllen, jeweils den passenden Deckel aufsetzen und mit einer Speckscheibe belegen.

Eine feuerfeste Form mit Butterschmalz einfetten, die Zwiebeln hineinsetzen und im vorgeheizten Backofen etwa 10 Minuten garen. Weißwein und Fleischbrühe angießen und die Zwiebeln weitere 10 Minuten garen. Herausnehmen, auf einer Servierplatte mit den Salatblättern anrichten und mit den Lauchblüten garnieren.

Desserts

Auch das süße Hinterher ist für den Flirt mit dem Gaumen bestens geeignet. Farbenfrohe Terrinen, Gelees und Cremes werden zu einem unvergesslichen kulinarischen Erlebnis, wenn sie mit kandierten Blüten herausgeputzt werden. Als Farbtupfer eignen sich z. B. verzuckerte Veilchen-, Mohn- und Holunderblüten ebenso wie die lieblichen Gänseblümchen oder die märchenhafte Schönheit der Magnolien. Selbstverständlich ist auch die Königin der Blumen, die Rose, mit von der Partie. Sie versinkt in Gelee und parfümiert es zugleich. Und: Einen profanen Vanillepudding macht sie mit ihrem unübertrefflichen Aroma zur sanftesten Versuchung. Probieren Sie es einfach einmal aus!

Frittierte Kürbisblüten mit Zabaione und Waldbeeren

8–12 Kürbisblüten

Für den Teig:
60 g Mehl
1 Eigelb
170 ml Milch
1 Prise Salz

Für die Zabaione:
3 Eigelb
1 Ei
100 g Zucker
1/8 l Marsala

Außerdem:
Öl zum Frittieren
Puderzucker zum Besieben
100 g Waldbeeren
(frisch oder TK)

Für die Zabaione Eigelbe, Ei und Zucker in einer Schüssel schaumig rühren. Auf ein heißes Wasserbad setzen und die Zutaten mit dem Schneebesen schlagen, bis die Masse eine cremige Konsistenz bekommen hat, dabei nach und nach den Marsala unterrühren.

Für den Teig das Mehl in eine Schüssel sieben. Das Eigelb mit Milch und Salz zum Mehl geben und alles zu einem glatten Teig verrühren. Von den Kürbisblüten die Kelchblättchen abzupfen und mit einer Schere die Staubgefäße entfernen. Dann die Blüten zusammenklappen. TK-Waldbeeren auftauen, frische Beeren putzen.

Das Öl zum Frittieren in einem Topf erhitzen. Die Kürbisblüten jeweils am Stiel festhalten, in den Teig tauchen und abtropfen lassen. Nacheinander in das Öl einlegen und in 1–2 Minuten unter Wenden ausbacken. Herausnehmen, auf Küchenpapier abtropfen lassen und die Stiele etwas kürzen. Die Blüten auf Teller verteilen und mit dem Puderzucker besieben. Daneben die Beeren sowie die Zabaione anrichten und sofort servieren.

Tipp: Man kann für dieses köstliche Dessert anstelle der Kürbisblüten ebenso gut Zucchiniblüten verwenden.

Erdbeerdessert mit verzuckerten Gänseblümchen

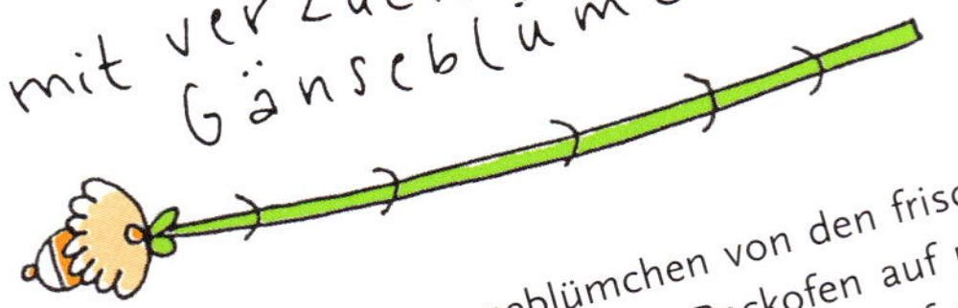

Für die Gänseblümchen:
1 Hand voll frisch gepflückte Gänseblümchen
1 Eiweiß, 2 EL Zucker

Für das Erdbeerdessert:
750 g Erdbeeren
125 g Zucker
1 TL abgeriebene unbehandelte Zitronenschale
1/8 l Weißwein
1 EL Speisestärke
1/8 l Sahne
1 EL gemahlene Pinienkerne

Für die Gänseblümchen von den frisch gepflückten Blumen die Stiele entfernen. Den Backofen auf 50 °C vorheizen. Die Blüten vorsichtig abbrausen und trockentupfen. Das Eiweiß leicht aufschlagen, die Blüten damit bestreichen und mit Zucker bestreuen. Auf ein mit Pergamentpapier ausgelegtes Backblech setzen. Im vorgeheizten Backofen trocknen lassen, dabei die Ofentür einen Spaltbreit geöffnet lassen.
Für das Erdbeerdessert die Früchte putzen und halbieren. In einem Topf mit Zucker und Zitronenschale vermischen, den Wein angießen und zum Kochen bringen. Die Stärke in wenig kaltem Wasser anrühren, zugeben und unter Rühren aufkochen. In eine Schüssel füllen und erkalten lassen. Sahne steif schlagen und in einen Spritzbeutel mit Sterntülle füllen. Sahnekleckse in die Mitte des Desserts setzen und rundherum mit Pinienkernen bestreuen. Den Rand mit Gänseblümchen verzieren.

Holunderblütenküchlein

8 frisch gepflückte Holunderblütendolden
4 Eigelbe, 100 g Mehl
4 EL Sahne, 1 EL Rum
Öl zum Frittieren
Puderzucker zum Besieben

Die Holunderblütendolden vorsichtig abbrausen und abtropfen lassen. Eigelbe, Mehl, Sahne und Rum zu einem glatten Teig verrühren.
In einem Topf das Öl erhitzen. Die Blüten in den Teig tauchen, abtropfen lassen und die Dolden in dem heißen Öl frittieren. Herausnehmen und mit Puderzucker besieben.

Terrine mit Waldbeeren und Kandierten Holunderblüten

Für eine Terrinenform von 1 Liter Inhalt

Für die kandierten Holunderblüten:
6 gerade aufgeblühte Holunderdolden
mit 3 cm langem Stängel
5 Eiweiß
600 g Zucker

Für die Terrine:
6 Blatt rote Gelatine
1/2 l Orangensaft
2 EL Zucker
500 g Waldbeeren
(Brombeeren, Himbeeren,
Walderdbeeren, Heidelbeeren)

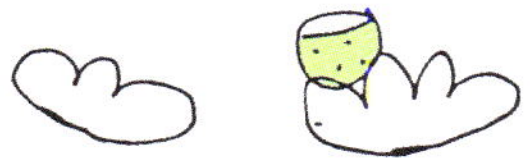

4 Tage vor der Zubereitung der Waldbeerenterrine die kandierten Holunderblüten vorbereiten: Dafür die Dolden vorsichtig abbrausen, die Stiele ins Wasser stellen und die Blüten etwas trocknen lassen. Mit einer Gabel vorsichtig Eiweiße und 6 Esslöffel Wasser verrühren, ohne dass dabei Schaum entsteht. Eventuell entstandene Bläschen abnehmen. Die Holunderdolden ganz oder zerteilt in die Eiweißmasse tauchen, dabei vorsichtig hin- und herbewegen. Herausnehmen und die Flüssigkeit abschwenken. Zuerst das Blüteninnere dann das -äußere mit Zucker bestreuen. Den Stiel auf eine hakenförmig auseinander gezogene Büroklammer spießen und aufhängen. 4 Tage trocknen lassen.

Am Tag des Verzehrs für die Terrine die Gelatine in kaltem Wasser einweichen. Den Orangensaft leicht erwärmen, den Zucker zufügen und darin auflösen. Die Gelatine ausdrücken, in den erwärmten Orangensaft geben und ebenfalls darin auflösen. Die Terrinenform mit Klarsichtfolie auslegen, die Hälfte des Safts hineingeben und etwa 2 Stunden in den Kühlschrank stellen, danach sollte die Masse fest geworden sein.

Die Waldbeeren putzen und auf der fest gewordenen Masse verteilen. Den restlichen Saft darüber gießen. Mit Klarsichtfolie bedecken und im Kühlschrank erstarren lassen. Vor dem Servieren die Terrine in Scheiben schneiden und jede Scheibe mit einer kandierten Holunderdolde garnieren.

Veilchencreme mit kandierten Veilchen

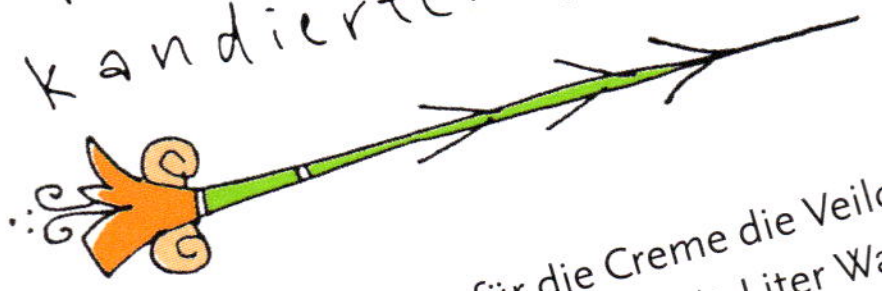

Für die Creme:
4 Hand voll frisch gepflückte, geputzte Veilchenblüten
300 g Zucker
3 Blatt weiße Gelatine
3 EL Doppelkorn
1 l Sahne
Mandelaroma

Für die kandierten Veilchen:
1 Hand voll Veilchenblüten
150 g Zucker

Am Vortag für die Creme die Veilchenblüten entblättern. In einem Topf den Zucker mit 1/2 Liter Wasser zu Sirup einkochen und die Blättchen in einer Schüssel damit übergießen. Zugedeckt über Nacht stehen lassen. Am nächsten Tag durch ein feines Sieb seihen und die Flüssigkeit dabei auffangen.

Für die kandierten Veilchen die Blüten in kochendem Wasser kurz überbrühen und abtropfen lassen. Zucker mit etwas Wasser aufkochen, bis er Blasen wirft und zu kristallisieren beginnt. Veilchenblüten hineingeben und kurz mitkochen. Abkühlen lassen. Sobald der Zucker trocken geworden ist, jede Blüte einzeln herausnehmen, auf Pergamentpapier legen und erstarren lassen. Am Tag des Verzehrs die Gelatine in wenig kaltem Wasser einweichen, ausdrücken, in leicht erwärmtem Korn auflösen und zum Veilchensirup geben. Die Sahne steif schlagen und unterheben.

Eine Schüssel mit dem Mandelaroma auspinseln, die Creme einfüllen und 2 Stunden in den Kühlschrank stellen. Kurz vor dem Servieren stürzen und mit kandierten Veilchen garnieren.

Rosen in Gelee

Für das Gelee:
375 g Zucker
20 frisch gepflückte, duftende Rosenblütenblätter
6 EL Malvenblütentee
3 Blatt rote Gelatine
6 EL Rosenwasser (siehe Tipp S. 42)
6 EL Kirschwasser
Saft von 1 Zitrone

Für die Garnitur:
einige frisch gepflückte, duftende Rosenblütenblätter
100 g Zucker
2 Eiweiß
Schlagsahne nach Belieben

Für das Gelee in einem Topf den Zucker mit 3/8 Liter Wasser zu einem Sirup einkochen lassen. Inzwischen die Rosenblütenblätter vorsichtig abbrausen, abtropfen lassen, vom bitteren Ansatz befreien und in eine Schüssel legen. Mit dem heißen Zuckersirup übergießen. Malvenblütentee als Färbemittel unterrühren und zugedeckt kalt stellen.
Die Gelatine in wenig kaltem Wasser einweichen. Die Blütenflüssigkeit durch ein feines Sieb seihen. Das Rosenwasser leicht erwärmen, die ausgedrückte Gelatine darin auflösen und mit dem Kirschwasser und dem Zitronensaft einrühren. Die Flüssigkeit in eine Form oder Schale füllen und kalt stellen.
Für die Garnitur die Rosenblütenblätter abbrausen, abtropfen lassen und vom bitteren Ansatz befreien. Den Backofen auf 50 °C vorheizen. Die Hälfte des Zuckers auf ein Stück Pergamentpapier streuen. Die Eiweiße etwas aufschlagen, die Blütenblätter hineintauchen oder mit der Masse bepinseln, auf das Pergamentpapier legen und mit dem restlichen Zucker bestreuen. Im vorgeheizten Backofen trocknen lassen, dabei die Ofentür einen Spaltbreit geöffnet lassen.
Vor dem Servieren das Rosengelee stürzen und mit verzuckerten Rosenblütenblättern garnieren. Nach Belieben Schlagsahne in einen Spritzbeutel mit Sterntülle füllen und zusätzlich Sahnetupfen darauf setzen.

Tipp: Kandierte Rosenblütenblätter lassen sich gut in verschlossenen Dosen oder Gläsern aufbewahren, wenn man sie darin lagenweise auf Papier schichtet.

Weingelee mit verzuckertem Mohn

Für den verzuckerten Mohn:
20 frisch gepflückte Mohnblüten
2 Eiweiß
150 g Zucker

Für das Weingelee:
12 Blatt weiße Gelatine
2 Gläschen Maraschinolikör
125 g Puderzucker
700 ml Weißwein
Saft von 1 Zitrone
200 g Erdbeeren
2 EL Zucker
1/4 l Sahne
1 Päckchen Vanillezucker

Für den verzuckerten Mohn die Blüten vorsichtig abbrausen und abtropfen lassen. Den Backofen auf 50 °C vorheizen. Eiweiße aufschlagen. Blüten hineintauchen, überschüssiges Eiweiß abschütteln und die Blüten ringsherum mit Zucker bestreuen. Ein Backblech mit Pergamentpapier auslegen, die Blüten darauf legen und im vorgeheizten Backofen trocknen lassen, dabei die Ofentür einen Spaltbreit geöffnet lassen.
Für das Weingelee die Gelatine in kaltem Wasser einweichen, ausdrücken und in leicht erwärmtem Likör auflösen. Puderzucker und Weißwein in eine Schüssel geben und verrühren, aufgelöste Gelatine und Zitronensaft einrühren. In den Kühlschrank stellen.
Inzwischen die Erdbeeren putzen und in einer Schüssel mit dem Zucker mischen. Mit dem Mixstab pürieren. Die Sahne mit Vanillezucker steif schlagen. Die Erdbeermasse auf dem Gelee verstreichen. Die Sahne in einen Spritzbeutel füllen und das Dessert damit verzieren. Obenauf die verzuckerten Mohnblüten setzen.

Orangengelee mit verzuckerten Magnolien

Für die verzuckerten Magnolien:
12 frisch gepflückte Magnolienblüten
2 Eiweiß
125 g Zucker

Für das Orangengelee:
20 Blatt weiße Gelatine
500 g weiße Weintrauben
250 g blaue Weintrauben
1 l frisch gepresster Orangensaft
4 Orangen
150 g Zucker
Saft von 1 Zitrone
100 ml weißer Portwein

Für die Garnitur:
1 Hand voll weiße Weintrauben
1 Eiweiß
2 EL Zucker

Für die verzuckerten Magnolien die Blüten vorsichtig abbrausen und trockentupfen. Den Backofen auf 50 °C vorheizen. In einem tiefen Teller die Eiweiße etwas aufschlagen, die Blüten hineintauchen, das überschüssige Eiweiß abschütteln und die Blüten ringsherum mit Zucker bestreuen. Ein Backblech mit Pergamentpapier auslegen, die Blüten darauf legen und im vorgeheizten Ofen trocknen lassen, dabei die Ofentür einen Spaltbreit geöffnet lassen.

Für das Orangengelee die Gelatine in kaltem Wasser einweichen. Die Weintrauben halbieren und entkernen. Die Orangen schälen und filetieren. 1/4 Liter Orangensaft erwärmen, den Zucker und die ausgedrückte Gelatine darin auflösen, dann den restlichen Saft zugießen. Zitronensaft und Portwein einrühren. Die vorbereiteten Früchte in eine Form schichten, mit dem Orangengelee übergießen und kalt stellen.

Für die Garnitur die Weintrauben in ungeschlagenes Eiweiß tauchen, in Zucker wälzen und auf Backpapier trocknen lassen. Sobald das Orangengelee erstarrt ist, die Form kurz in heißes Wasser tauchen und stürzen. Mit den verzuckerten Weintrauben und Magnolienblüten garnieren.

Herzhaftes und süßes Gebäck

Torten und Törtchen verlocken nicht nur mit süßem Sommerglanz, sie sind auch ein Zauber an Zartheit und immer für Überraschungen gut. Mit ein wenig Fingerspitzengefühl lassen sie sich trefflich herausputzen. Denn das ist das Schöne bei diesen Paradestücken: Sie sind immer noch steigerungsfähig. Besonders gut stehen ihnen die unübertrefflichen Rosen, die stets mit ihren vielfältigen Erscheinungsformen und ihrem Duft betören. Aber auch Stiefmütterchen-, Levkojen- oder Jasminblüten sind eine willkommene Zierde. Holunder- und Robinienblüten dienen nicht nur als Tortenschmuck, sie vertragen sich wegen ihrer sanften Süße auch gut mit Kuchenteig und erstrahlen alsbald als Beignets, Krapfen oder Küchlein auf der Kaffeetafel.

Holunderblütenbrot

1 kg Mehl
60 g Hefe
1 TL Zucker
400 ml Milch
8 frisch gepflückte aufgeblühte Holunderblütendolden
1 TL abgeriebene unbehandelte Zitronenschale
1/2 TL Salz
Butter für das Blech
1 Eigelb zum Bestreichen

Das Mehl in eine Schüssel sieben und in die Mitte eine Mulde drücken. Die Hefe mit dem Zucker in etwas lauwarmer Milch verrühren und in die Vertiefung gießen. Etwas Mehl darüber stäuben. Den Vorteig zugedeckt an einem warmen, zugfreien Ort 30 Minuten gehen lassen. Inzwischen die Holunderblütendolden vorsichtig abbrausen, abtropfen lassen, in die einzelnen Blüten zerteilen und mit Salz und Zitronenschale auf dem Mehlrand anordnen. Von der Mitte her die Zutaten zu einem geschmeidigen Teig verarbeiten, dabei die restliche Milch zugeben. Zugedeckt 1 Stunde gehen lassen.
Den Backofen auf 200 °C vorheizen. Ein Backblech einfetten. Den Teig nochmals gut durchkneten, zu einem Brotlaib formen und auf das Backblech legen. Das Eigelb verquirlen und das Brot damit bestreichen. Im vorgeheizten Ofen etwa 60 Minuten backen. Herausnehmen und auf einem Kuchengitter auskühlen lassen.

Rosentörtchen

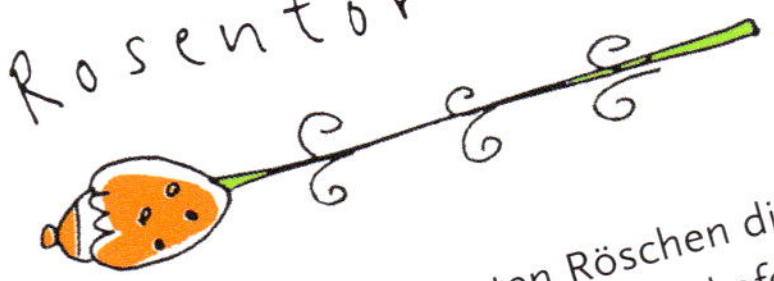

Für 12 Tortelettförmchen

Für die kandierten Röschen:
12 frisch gepflückte Röschen
2 Eiweiß
125 g Zucker
1/8 l Sahne

Für die Törtchen
250 g TK-Blätterteig
8 Eiweiß
150 g Zucker
200 g gemahlene Mandeln
30 g Mehl
8 EL Rosenwasser (siehe Tipp)
1 TL Zitronensaft

Außerdem:
etwas Mehl zum Ausrollen

Für die kandierten Röschen die Blüten vorsichtig abbrausen und abtropfen lassen. Den Backofen auf 50 °C vorheizen. In einem tiefen Teller die Eiweiße etwas aufschlagen, die Röschen hineintauchen, gut abtropfen lassen und mit Zucker bestreuen. Ein Backblech mit Pergamentpapier auslegen, die Röschen darauf setzen und im vorgeheizten Backofen trocknen lassen, dabei die Ofentür einen Spaltbreit geöffnet lassen.

Für die Törtchen den Blätterteig auftauen. 3 Eiweiße mit Zucker, Mandeln, Mehl und Rosenwasser verrühren. Die restlichen Eiweiße mit dem Zitronensaft zu steifem Schnee schlagen und unterheben. Den Backofen auf 180 °C vorheizen. Den Blätterteig auf einer bemehlten Arbeitsfläche ausrollen. Tortelettförmchen mit kaltem Wasser ausspülen und mit Blätterteig auslegen. Die Mandelmasse darauf verteilen Die Törtchen im vorgeheizten Backofen in etwa 15 Minuten goldbraun backen. Die Sahne steif schlagen und die Törtchen mit Sahnetupfen und kandierten Röschen garnieren.

Tipp: Rosenwasser verleiht Gebäck ein interessantes Aroma. Einen kleinen Vorrat davon sollte man immer parat haben. Die Herstellung ist ganz einfach: 125 Gramm stark duftende Rosenblütenblätter vorsichtig abbrausen, vom bitteren Ansatz befreien und in eine Schüssel legen. Mit 1/2 Liter leicht erwärmtem Wasser übergießen. Zugedeckt 2 Tage stehen lassen. Durch ein mit einem Baumwolltuch ausgelegtes Sieb seihen. Wer die Mühe scheut, kann Rosenwasser selbstverständlich auch in der Apotheke kaufen.

Mandelkranz mit kandierten Veilchen

Für den Teig:
50 g Butter, 1 Prise Salz
125 g Mehl
30 g Speisestärke
5 Eier
1 TL Backpulver

Für die Füllung:
3 Blatt weiße Gelatine
2 Eigelb, 2 EL Zucker
2 EL Weinbrand
400 ml Sahne
kandierte Veilchen (Rezept S. 36)

Für die Glasur:
150 g Puderzucker
1–2 EL Zitronensaft

Außerdem:
Butter für das Blech
3 EL geröstete Mandelblättchen

Für den Teig Butter und Salz mit 1/4 Liter Wasser in einem Topf zum Kochen bringen. Vom Herd nehmen. Mehl und Speisestärke vermischen, in den Topf geben und glatt rühren. Erneut erhitzen und kräftig rühren, bis sich am Topfboden ein Kloß gebildet hat. Vom Herd nehmen. Nach und nach die Eier und zuletzt das Backpulver einrühren.
Den Backofen auf 180 °C vorheizen. Ein Backblech einfetten. Den Teig in einen Spritzbeutel mit Lochtülle füllen und zwei Kränze von 20 Zentimetern Durchmesser übereinander aufspritzen. Im vorgeheizten Backofen in etwa 40 Minuten goldbraun backen. Herausnehmen, abkühlen lassen und dann den Kranz waagerecht halbieren.
Für die Füllung die Gelatine in etwas kaltem Wasser einweichen. Eigelbe, Zucker und Weinbrand verrühren. Die Gelatine ausdrücken, in eine Schale geben, mit 1 Esslöffel kochendem Wasser übergießen, glatt rühren und zur Eimasse geben. Die Sahne steif schlagen und unter die Eiercreme ziehen. Eine Kranzhälfte mit der Sahne bestreichen. Einige kandierte Veilchen darauf streuen. Die andere Kranzhälfte vorsichtig obenauf setzen. Die Sahnefüllung ringsherum mit kandierten Veilchen garnieren.
Für die Glasur den Puderzucker in eine Schüssel sieben und mit Zitronensaft verrühren. Den Kranz damit überziehen sowie mit den gerösteten Mandeln bestreuen.

Baisertorte mit Beerenobst und kandierten Jasminblüten

Für eine Springform
von 26 Zentimetern Durchmesser

Für die kandierten Jasminblüten:
3–4 Hand voll frisch gepflückte Jasminblüten
200 g Zucker

Für den Baiserteig:
6 Eiweiß
2 EL Zitronensaft
300 g Puderzucker
1 EL Speisestärke
80 g geriebene, geröstete Mandeln

Für den Guss:
2 Blatt weiße Gelatine
400 g Himbeeren
2 EL Zucker
6 EL Johannisbeersaft
6 EL Weißwein

Außerdem:
800 g frische Himbeeren

Für die kandierten Jasminblüten diese vorsichtig abbrausen, mit kochendem Wasser überbrühen und abtropfen lassen. Den Zucker mit etwas Wasser aufkochen, bis er Blasen wirft und zu kristallisieren beginnt. Die Blüten sofort hineingeben und einige Sekunden mitkochen. Abkühlen lassen. Sobald der Zucker trocken geworden ist, jede Blüte einzeln aus der Zuckermasse nehmen, auf Pergamentpapier legen und erstarren lassen.

Für den Baiserteig die Eiweiße steif schlagen, dabei nach und nach Zitronensaft, Puderzucker, Stärke und Mandeln zufügen. Die Masse muss schnittfest sein.

Den Backofen auf 90 °C vorheizen. Den Boden der Form mit Backpapier auslegen. Drei Viertel der Baisermasse in einen Spritzbeutel mit Lochtülle füllen und spiralförmig von der Mitte aus in einer gleichmäßig dicken Schicht auf das Papier spritzen. Restliche Masse in einen Spritzbeutel mit Sterntülle geben und auf den Teigrand ringsherum Rosetten aufspritzen. Im vorgeheizten Ofen in 1 Stunde mehr trocknen als backen, darin abkühlen lassen. Aus der Form nehmen und das Backpapier entfernen.

Für den Guss die Gelatine in etwas kaltem Wasser einweichen. Die Himbeeren in einem Topf mit Zucker, Saft und Wein erhitzen und kurz aufkochen lassen. Vom Herd nehmen und die Masse durch ein Sieb streichen. Die Gelatine ausdrücken, zur Himbeermasse geben und glatt rühren. Die Torte mit den frischen Himbeeren belegen, dabei die geschlossene Seite der Beeren nach oben zeigen lassen. Mit dem Guss überziehen. Die Torte mit den kandierten Jasminblüten garnieren und sofort servieren.

Orangentorte mit weißen Levkojen

Für eine Springform von 26 Zentimetern Durchmesser

Für den Teig:
200 g Butter
200 g Zucker
1 Päckchen Vanillezucker
4 Eier
200 g Mehl
1/2 Päckchen Backpulver

Für die Glasur:
150 g Zucker
je 1/2 TL abgeriebene unbehandelte Zitronen- und Orangenschale
Saft von 1 Zitrone
Saft von 3 Orangen

Außerdem:
Butter für die Form
2 Hand voll frisch gepflückte, geputzte weiße Levkojen

Für den Teig in einer Schüssel Butter, Zucker und Vanillezucker schaumig schlagen. Nach und nach die Eier unterrühren. Mehl und Backpulver vermischen, auf die Butter-Eier-Masse sieben und dann ebenfalls unterrühren.
Den Backofen auf 200 °C vorheizen. Die Springform ausbuttern, den Teig einfüllen und darin glatt streichen. Im vorgeheizten Ofen 45 Minuten backen. Kurz herausnehmen.
Für die Glasur Zucker, Zitronen- und Orangenschale sowie Zitronen- und Orangensaft verrühren, über den Kuchen gießen und weitere 10 Minuten backen. Herausnehmen und abkühlen lassen. Vor dem Servieren mit den Levkojen bestreuen.

Eistorte mit Himbeeren und verzuckerten blauen Stiefmütterchen

Für die verzuckerten Stiefmütterchen:
2–3 Hand voll blaue Stiefmütterchen
2–3 Eiweiß
150 g Zucker

Für die Eistorte:
6 Eiweiß
2 EL Zitronensaft
500 g Zucker
4 Blatt weiße Gelatine
500 g Sahnejoghurt
1/2 TL abgeriebene unbehandelte Zitronenschale
Saft von 2 Zitronen
4 EL Himbeersaft
3/4 l Sahne
2 Päckchen Vanillezucker
500 g Himbeeren
125 g Brombeeren

Für die verzuckerten Stiefmütterchen die Blüten vorsichtig abbrausen und abtropfen lassen. Den Backofen auf 50 °C vorheizen. Eiweiße in einem tiefen Teller leicht aufschlagen. Stiefmütterchen hineintauchen, das überschüssige Eiweiß abschütteln und die Blüten ringsherum mit Zucker bestreuen. Auf ein mit Pergamentpapier ausgelegtes Backblech legen und im vorgeheizten Backofen trocknen, dabei die Ofentür einen Spaltbreit geöffnet lassen. Herausnehmen und die Temperatur im Backofen auf 100 °C erhöhen. Für die Eistorte die Eiweiße in eine Schüssel geben und mit Zitronensaft zu Schnee schlagen. Nach und nach 375 Gramm Zucker zugeben und kräftig weiterschlagen. Mit dem Ring einer Springform auf Alufolie 2 Kreise von ca. 25 Zentimetern Durchmesser markieren. Die Baisermasse in einen Spritzbeutel mit Lochtülle füllen und spiralförmig eine gleichmäßig dicke Schicht auf die beiden Kreise spritzen. Die Böden im vorgeheizten Ofen 1 1/2–2 Stunden mehr trocknen als backen. Im Ofen auskühlen lassen. Die Folie entfernen. Einen der Böden auf eine Tortenplatte setzen und den Ring der Springform darum legen.

Eistorte mit Himbeeren und verzuckerten blauen Stiefmütterchen

Die Gelatine in etwas kaltem Wasser einweichen. In einer Schüssel Joghurt mit restlichem Zucker, Zitronenschale und -saft verrühren. Die Gelatine ausdrücken, in dem erwärmten Himbeersaft auflösen und ebenfalls unterrühren. Gut 1/2 Liter Sahne mit dem Vanillezucker steif schlagen und unter die Joghurtmasse heben. Dann die Hälfte der Himbeeren vorsichtig untermischen.

Den ersten Baiserboden mit der Joghurt-Sahne-Himbeer-Masse bestreichen und mit dem zweiten Boden bedecken. Für 4 Stunden in das Tiefkühlgerät stellen. 30 Minuten vor dem Servieren in den Kühlschrank stellen.

Vor dem Servieren die restliche Sahne steif schlagen, die Torte damit verzieren und mit den restlichen Beeren garnieren. Obenauf die verzuckerten Stiefmütterchen legen.

Sandtorte mit Rosenlikör

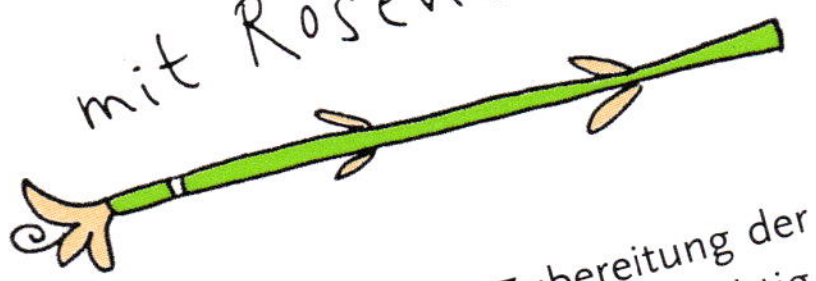

Für eine mittlere Kastenform

Für den Rosenlikör:
200 frisch gepflückte stark duftende Rosenblütenblätter
1/4 l kochendes Wasser
200 g Zucker
1/2 l Korn
5 cl Weinbrand

Für den Teig:
250 g weiche Butter
200 g Zucker, 1 Prise Salz
1/2 TL abgeriebene unbehandelte Zitronenschale
2 EL Rosenlikör
4 Eier
150 g Mehl
100 g Speisestärke
1/2 TL Backpulver

4–5 Tage vor Zubereitung der Sandtorte für den Rosenlikör die Rosenblütenblätter vorsichtig abbrausen und vom bitteren Ansatz befreien. In eine Schüssel geben und mit dem kochenden Wasser knapp bedecken. Zugedeckt über Nacht ziehen lassen.

Am nächsten Tag das Rosenwasser durch ein Sieb seihen und in einem Topf zusammen mit dem Zucker unter Rühren erhitzen. Vom Herd nehmen und abkühlen lassen. Korn und Weinbrand unterrühren. Den Likör in eine Flasche füllen, verschließen und 3–4 Tage kühl und trocken lagern.

Am Tag der Sandtortenzubereitung den Backofen auf 180 °C vorheizen. Für den Teig Butter und Zucker 10 Minuten in einer Schüssel schaumig schlagen. Salz, Zitronenschale und Rosenlikör einrühren und nach und nach die Eier unter ständigem Rühren zugeben. Mehl, Speisestärke und Backpulver vermischen, alles darüber sieben und anschließend esslöffelweise unterheben.

Die Kastenform ausbuttern, den Teig einfüllen und darin glatt streichen. Im vorgeheizten Ofen 1 Stunde backen. Abkühlen lassen und die Sandtorte aus der Form nehmen.

Sandtorte mit Rosenlikör

Für die Glasur:
200 g Puderzucker
2 EL Rosenlikör
30 g weiche Butter
kandierte Röschen nach Belieben
(Rezept S. 42)

Außerdem:
Butter für die Form

Für die Glasur den Puderzucker in eine vorgewärmte Schüssel sieben. Rosenlikör und Butter zugeben und alles zu einer dickflüssigen Masse verrühren. Mit Hilfe eines breiten Messers die Sandtorte damit bestreichen. Nach Belieben mit kandierten Röschen verzieren.

Tipp: Der Teig kann nach Belieben zusätzlich mit etwas Rosenzucker aromatisiert werden. Rosenzucker ist auch eine interessante Verfeinerung für Marzipan, Sahne und Cremes. Ein kleiner Vorrat davon ist immer nützlich. Dafür 100 Gramm Rosenblütenblätter abbrausen, vorsichtig trockentupfen und vom bitteren Ansatz befreien. Die Blätter mit dem Saft von 1 Zitrone beträufeln und 3 Stunden ziehen lassen. 100 Gramm Zucker zugeben und die Rosenblätter mit dem Zucker im Mörser zu einer Masse zerreiben. In ein Glas füllen und gut verschließen.

Rosen, Tulpen,
Nelken,
alle drei verwelken.
Aber nur die eine nicht
und die hei
Vergi

Süße und pikante Brotaufstriche

Appetitliche, mit Blüten zubereitete Brotaufstriche stecken voller Geschmacks- und Duftabenteuer. So vermählt sich beispielsweise Butter mit Kapuzinerkresseblüten oder mit Chrysanthemen, Basilikum- oder Borretschblüten. Käse wird zum reinsten Schlaraffenlandwunder, wenn er Traumhochzeiten mit blauem Klee bzw. Salbeiblüten oder mit Ringelblumen, Majoran- und Rosmarinblüten feiern darf. Frühstücksbrötchen, mit Rosen- oder Veilchenmarmelade bestrichen, sind eine Freude für das Auge und versprechen mit ihrer verführerischen Süße einen guten Start in den Tag.

Blütenbrote

1 Weißbrot (500 g)
100 g Butter (Zimmertemperatur)
verschiedene verzuckerte Blüten

Das Weißbrot in Scheiben schneiden und mit Ausstechförmchen daraus Kreise, Herzen, Blüten, Quadrate oder Rechtecke ausschneiden. Mit Butter bestreichen, mit verzuckerten Borretschblüten, Gänseblümchen, Veilchen-, Löwenzahn- oder Magnolienblüten belegen (siehe z. B. Rezept für verzuckerte Gänseblümchen S. 34) und auf einer Platte anrichten.

Rosen-Apfel-Gelee

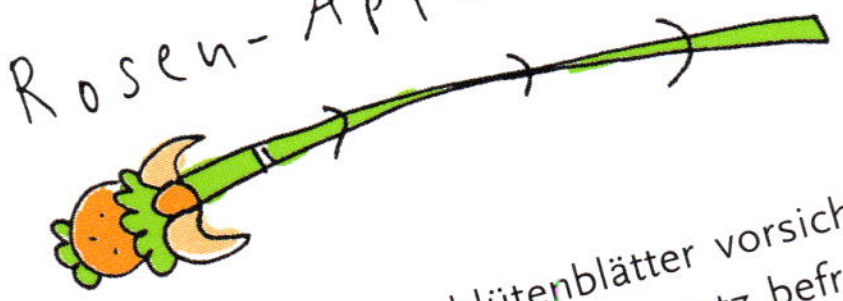

200 g frisch gepflückte, geputzte Rosenblütenblätter
1 l konzentrierter Apfelsaft (Bioladen)
1 kg Zucker

Die Rosenblütenblätter vorsichtig abbrausen, abtropfen lassen und vom bitteren Ansatz befreien. Die Blätter in einer Schüssel mit kochendem Wasser überbrühen. Sofort in Eiswasser tauchen und abtropfen lassen. Apfelsaft und Zucker in einen Topf geben und unter Rühren zum Kochen bringen. Ein Fünftel der Rosenblütenblätter beiseite legen. Die restlichen Blütenblätter in den Topf füllen und mitköcheln lassen, bis sie sich gesetzt haben. Den sich bildenden Schaum abschöpfen. Sobald die Masse zu gelieren beginnt, in heiß ausgespülte Twist-off-Gläser füllen. Anteilig die beiseite gelegten Rosenblütenblätter zufügen. Die Gläser fest verschließen und kühl und dunkel lagern.

Veilchenmarmelade

500 g Äpfel
350 g Zucker
1 Hand voll frisch gepflückte, geputzte Veilchenblüten

Die Äpfel unbeschält in Stücke schneiden und dabei das Kerngehäuse entfernen. In wenig Wasser in etwa 10 Minuten weich kochen. Das Apfelmus durch ein Sieb streichen. Den Zucker mit 200 Millilitern Wasser aufkochen. Die Veilchenblüten hineingeben, zum Kochen bringen und kurz aufkochen lassen. Das Apfelmus zufügen und kurz mitkochen. In heiß ausgespülte Twist-off-Gläser füllen, fest verschließen und an einem kühlen, dunklen Ort lagern.

Rosenmarmelade

500 g frisch gepflückte
stark duftende
Rosenblütenblätter
1 kg Zucker
2–3 EL Zitroensaft

Die Rosenblütenblätter vorsichtig abbrausen, abtropfen lassen und vom bitteren Ansatz befreien. Die großen Blätter herausnehmen und die weißen Blütenspitzen mit einer Schere abschneiden. Die großen Blätter beiseite legen. Die Spitzen zusammen mit den kleineren Blättern in einen Topf geben. Mit 3/4 Liter Wasser zum Kochen bringen und 10 Minuten köcheln lassen. Zucker und Zitronensaft hinzufügen, erneut zum Kochen bringen und rühren, bis sich der Zucker aufgelöst hat. Abschäumen. Die beiseite gelegten großen Rosenblätter hineingeben und die Mischung unter Rühren zu einer dicklichen Masse einkochen lassen. Vom Herd nehmen. In heiß ausgespülte kleine Twist-off-Gläser füllen. Fest verschließen und an einem kühlen Ort aufbewahren.

Butterrolle mit Kapuzinerkresse

375 g kalte Butter
15 frisch gepflückte, geputzte Kapuzinerkresseblüten in verschiedenen Farben

Die Butter auf Klarsichtfolie mit einem angefeuchteten Nudelholz 5 Millimeter dick ausrollen. Die Blüten aufstreuen. Zusammenrollen, in Alufolie wickeln und im Kühlschrank fest werden lassen. Die Butterrolle vor dem Servieren in Scheiben schneiden.

Frischkäse mit Walnüssen und Thymianblütenspitzen

175 g Frischkäse
50 g Butter
5 EL Thymianblütenspitzen
4 EL gehackte Walnusskerne
2 getrocknete, fein geschnittene Datteln
1 Prise edelsüßes Paprikapulver
Salz
frisch gemahlener weißer Pfeffer
4 Weißbrotscheiben
Walnusskerne zum Garnieren

Den Frischkäse in eine Schüssel geben. Butter, 2 Esslöffel Thymianblütenspitzen, Walnüsse und Datteln zufügen. Mit Paparika, Salz und Pfeffer würzen und alles glatt rühren. Die Käsemasse auf die Weißbrotscheiben streichen und mit den restlichen Thymianblütenspitzen und den Walnusskernen garniert servieren.

Frischkäsecreme mit blauem Klee

300 g Doppelrahmfrischkäse
2 EL Zitronensaft
2 EL Sahne
1 Hand voll frisch gepflückte, geputzte blaue Kleeblüten
1 frische Feige

Den Frischkäse in eine Schüssel füllen und mit Zitronensaft und Sahne glatt rühren. Den Klee und die Feige abbrausen, abtropfen lassen, fein hacken und unter die Käsemasse mischen.

Schafskäse mit Salbeiblüten

750 g Schafskäse (Feta)
3 Knoblauchzehen
5 weiße Pfefferkörner
je 1 Stängel Rosmarin, Thymian und Basilikum
1 TL Oregano, 1 TL Salz
1 Lorbeerblatt
3/4 l Olivenöl
1 Hand voll frisch gepflückte, geputzte Salbeiblüten

14 Tage vor dem Verzehr den Schafskäse in Würfel schneiden. Den Knoblauch schälen und fein hacken. Die Pfefferkörner zerdrücken. Käsewürfel, Knoblauch, Pfefferkörner, Kräuterstängel, Oregano, Salz und Lobeerblatt in ein dicht schließendes Glas füllen. So viel Olivenöl angießen, dass die Käsewürfel vollständig bedeckt sind. 14 Tage an einem kühlen, dunklen Ort durchziehen lassen. Vor dem Servieren die Käsewürfel abtropfen lassen, auf einer Servierplatte anrichten und mit den Salbeiblüten garnieren.

Getränke

Wo Bowlen bereitstehen, sind Genießer gut aufgehoben. Bowlen lassen sich gut vorbereiten, löschen den Durst und sind obendrein sehr dekorativ. Wer möchte nicht beim Anblick einer farbenprächtigen Erdbeer-Rosen-Bowle in Bravorufe ausbrechen? Und ihr herrliches Aroma wird man so leicht nicht vergessen! Auch eine Bierbowle mit Salbeiblüten oder eine Sommerblüten-Bowle sind ein echtes Geschmackserlebnis. Allerdings sollte man nicht versäumen, Weißwein und Sekt beizeiten kalt zu stellen. Und lieber etwas mehr vorbereiten als zu wenig! Wer sich mal an einem „bewegten“ Gläschen erfreuen will, sollte sich einen Kullerpfirsich mit Borretschblüten gönnen.

Erdbeer-Rosen-Bowle

Für 6 Personen
1 kg Erdbeeren (vorzugsweise Walderdbeeren)
15 frisch gepflückte Rosenblütenblätter
10 Zitronenmelisseblättchen, 1 Prise Salz
2 Flaschen leichter, gut gekühlter Weißwein
2 Flaschen trockener, gut gekühlter Sekt

Die Erdbeeren putzen. Rosen- und Melissenblätter vorsichtig abbrausen und abtropfen lassen, Rosenblätter vom bitteren Ansatz befreien und mit Melissenblättern und Erdbeeren in ein Bowlengefäß legen. Salz aufstreuen und den Wein aufgießen. Das Bowlengefäß zudecken und 3 Stunden kühl stellen. Vor dem Servieren gut gekühlten Sekt zugießen.

Veilchen-Bowle

Für 6 Personen
2 Hand voll frisch gepflückte, geputzte Veilchenblüten
2 Flaschen Weißwein
2 Flaschen gut gekühlter Sekt

Am Vortag die Veilchenblüten abbrausen, abtropfen lassen, mit 3/4 Liter Weißwein übergießen und über Nacht zugedeckt ziehen lassen. Durch ein feines Sieb seihen. Den Veilchenwein mit dem restlichen gut gekühlten Weißwein vermischen. Vor dem Servieren den gut gekühlten Sekt zugießen.

Tipp: Die Bowlentemperatur sollte zwischen 5–8 °C liegen. Am besten das Bowlengefäß auf gestoßene Eisstückchen betten. Anstelle der Veilchen kann man auch Nelken-, Reseda- oder Jasminblüten verwenden.

Tipp: Beim Zubereiten von Bowlen keine verzinkten oder blechernen Gefäße benutzen.

Bierbowle mit Salbeiblüten

Für 6 Personen
4 rotbackige Äpfel
4 unbehandelte Zitronen
200 g Zucker
4 Gewürznelken
1 Prise Zimt
3 l Pilsner Bier
2 EL frische Salbeiblüten

Die Äpfel mit einem Apfelausstecher vom Kerngehäuse befreien, in 1 Zentimeter dicke Scheiben schneiden und in ein Bowlengefäß schichten. 3 Zitronen auspressen und den Saft über die Äpfel gießen. Zucker, Nelken und Zimt darüber geben. Alles vermischen. Zugedeckt 1 Stunde ziehen lassen. Die verbliebene Zitrone in Scheiben schneiden und in das Bowlengefäß legen. Das Bier angießen. Zugedeckt 1 Stunde ziehen lassen. Die Salbeiblüten hineingeben und die Bowle noch 1 weitere Stunde im Kühlschrank ziehen lassen.

Brombeerbowle mit Resedablüten

Für 6–8 Personen
500 g Brombeeren
2 Flaschen Roséwein
1 Hand voll Resedablüten
2 Flaschen gut gekühlter trockener Sekt

Die Brombeeren zusammen mit dem Wein und den Resedablüten in ein Bowlengefäß geben. Zugedeckt 3 Stunden kühl stellen. Vor dem Servieren den Sekt zugießen.

Sommerblüten-Bowle

Für 6–8 Personen
4 Pfirsiche
500 g nicht zu große Erdbeeren
5 Blättchen Zitronenmelisse
2 Flaschen gut gekühlter Weißwein
1 Msp. Salz
(vorzugsweise Riesling)
2 Flaschen trockener, gut gekühlter Sekt
2 Hand voll geputzte Borretschblüten

Die Pfirsiche kurz überbrühen, häuten, halbieren, vom Kern befreien und das Fruchtfleisch in Würfel schneiden. Die Erdbeeren putzen. Die Zitronenmelisse abbrausen und trockentupfen. Pfirsichwürfel, Erdbeeren und Zitronenmelisse in ein Bowlengefäß füllen. Das Salz darüber streuen. Weißwein zugeben. Das Bowlengefäß abdecken und die Bowle 3 Stunden an einen kühlen Platz ziehen lassen.
Vor dem Servieren den Sekt zugießen und die Borretschblüten darüber streuen.

Kullerpfirsiche mit Borretschblüten

4 kleine, reife Pfirsiche
1 Flasche gut gekühlter Sekt
1 Hand voll frisch gepflückte, geputzte Borretschblüten

Die Pfirsiche mehrmals mit einer Gabel einstechen, in Sektschalen legen und mit dem Sekt übergießen. Mit Borretschblüten garnieren.

Tipp: Das Besondere daran: Der Pfirsich und die Blüten beginnen, sich zu drehen.

Tipp: Anstelle der Borretschblüten kann man auch Phlox verwenden.

Kamillenblütenwein

1 Hand voll frisch gepflückte, geputzte Kamillenblüten
2 Flaschen gut gekühlten Weißwein
500 g grünes Melonenfruchtfleisch

Die Kamillenblüten abbrausen, gut abtropfen lassen und mit 3/4 Liter Wein in ein Bowlengefäß geben. Zugedeckt 1 Stunde im Kühlschrank ziehen lassen. Vor dem Servieren aus dem Melonenfruchtfleisch mit einem Kugelausstecher Kugeln herauslösen. Den restlichen Weißwein und die Melonenkugeln dazugeben und den Blütenwein sofort servieren.

Grapefruitsaft mit Lavendelzucker

Für den Lavendelzucker:
3 Hand voll frisch gepflückte Lavendelblüten
500 g Zucker

Für den Saft:
1 l frisch gepresster Grapefruitsaft
2–3 EL Lavendelzucker
einige frisch gepflückte, gereinigte Gänseblümchen

Lavendelblüten abbrausen, abtropfen lassen, mit dem Zucker schichtweise in ein dicht schließendes Glas füllen und 6 Wochen an einen dunklen Platz stellen. Danach durch ein Sieb seihen, das die Blüten zurückbehält, die Zuckerkristalle aber durchlaufen lässt. Den durchgesiebten Zucker in dicht schließende Gläser füllen. Für das Getränk Grapefruitsaft und Zucker verrühren und in Gläser füllen. Mit einigen Gänseblümchen garnieren.

Holunderblütenlimonade

Rispen von
6 Holunderblütendolden
6 unbehandelte Zitronen
5–6 EL Zucker
Eiswürfel nach Belieben

Am Vortag die Holunderblüten vorsichtig abbrausen und abtropfen lassen. Zitronen abbrausen, trockentupfen, in Scheiben schneiden und mit dem Zucker in einen Glaskrug oder in ein Bowlengefäß geben. 2 Liter Wasser zugießen, die Holunderblüten hineingeben und über Nacht ziehen lassen. Vor dem Servieren mit Eiswürfeln nach Belieben kühlen.

Rosenlimonade

Rosenblütenblätter von
4 frisch gepflückte, duftende Rosen
250 g Zucker
6 Zitronen

Die Rosenblütenblätter vorsichtig abbrausen, abtropfen lassen und vom bitteren Ansatz befreien. Mit dem Zucker und 3/4 Liter Wasser in einem Topf zum Kochen bringen, kurz aufkochen, vom Herd nehmen und zugedeckt abkühlen lassen. Durch ein feines Sieb seihen. Die Zitronen auspressen und den Saft zur Rosenlimonade geben. Kühl servieren.

Tipp: Besonders dekorativ servieren Sie die Limonade, wenn Sie kurz zuvor Eiswürfel mit eingefrorenen Rosenblütenblättern oder kleinen Röschen zufügen.

Verzeichnis der Rezepte

Salate

Deftige und süße Suppen

Hauptgerichte

Verzeichnis der Rezepte

Desserts

Herzhaftes und süßes Gebäck

Verzeichnis der Rezepte

Süße und pikante Brotaufstriche

Getränke